# 楽々学習

# 新・初級中国語12課

陳　淑梅
胡　興智

同学社

── 音声について ──

▶ がついている箇所には，ネイティブスピーカーによる録音があります。
同学社のホームページよりダウンロードできます。

https://dogakusha.crs-stream.jp/books/07934

[装丁・表紙・本文イラスト]
小熊未央
浅山友貴

# 前書き

　このテキストは中国語初心者のために編まれた初級中国語教材です。１２課で構成され、半期１５回の授業に対応しています。

　週２コマの授業を行う場合は、教授用資料の補充練習問題を利用することによって丁寧に学習できます。週１コマの場合は、中国語の基本をシンプルに集約しましたので、基礎固めがしっかりできます。

　書名にある「楽々学習」の「楽」とは、「易しく」という意味もあれば、「楽しく」という意味も含まれています。文法ポイントの例文や本文の会話文を、できるだけ短く、発音しやすいものを厳選して、簡単に楽しく覚えられるように工夫しました。

　「語学もスポーツ」同様、基本的なフォームを覚えることで、正確に話せるようになり、達成感が味わえます。その練習の一環として、本文の会話には、一文ずつ訳を付けました。場面ごとの会話が、すらすらと出てくるように、意味も一緒に暗記してください。

　「語学学習の教室の主人公は学生であるべき」という発想から書き上げたこの教科書が、楽しく中国語を勉強したい学生の皆さんにお役に立てれば幸いです。

2024　著者

# 「中国語」とは

　中国では「中国語」という言い方はしません。「中国語」は"汉语 Hànyǔ（漢語）"と呼ばれています。「漢語」とは中国の総人口の９割以上を占める漢民族の言葉という意味です。

## "普通話"について

　「漢語」と言っても、地域によってたくさんの方言があります。発音や語彙の違いが大きく、互いに意思疎通ができない場合も珍しくありません。そのため、中国北部方言を基礎とした共通語、「普通話」と呼ばれるものが定められました。学校教育や、新聞、メディアなどでは「普通話」が使われています。

## 文字について

　中国語は漢字を用いて書き表しますが、日本語の漢字とすべて同じというわけではありません。中には形も意味も同じものもあれば、同じ形ですが、意味が違うものもあります。そして古い字体の「繁体字」を簡略化した「簡体字」もあります。

繁体字　→　　漢語　　　電車

簡体字　→　　汉语　　　电车

## 中国語の発音表記について

　中国語の発音は「ピンイン」と呼ばれる中国式のローマ字が使われます。「ピンイン」は「子音、母音、声調」という３つの要素から構成されていて、「声調」は１つ１つの音声の上がり下がりを表すアクセントのことです。全部で４種類あり、同じ音でも声調が異なれば、意味は全く変ってしまいます。

mā　　　　má　　　　mǎ　　　　mà　←アルファベットの上の記号が声調を表す。

妈　　　　　麻　　　　　马　　　　　骂

（お母さん）　（しびれる）　（馬）　　　（罵る）

　中国語と日本語、漢字の書き方や意味の違いがあるにしても、漢字を使う日本人にとって、中国語の学習は、漢字を使わない国の人たちよりやはり有利です。ですから、発音さえマスターすれば、中国語を簡単に身につけることができるでしょう。

# 目 次

# 発音（1）

**本文**

Nǐ hǎo!
A: 你好！　　　　⇒　こんにちは。

Nǐ hǎo!
B: 你好！　　　　⇒　こんにちは。

Zàijiàn.
A: 再见。　　　　⇒　さようなら。

Zàijiàn.
B: 再见。　　　　⇒　さようなら。

## 1 中国語の音節

　中国語は基本的に漢字１字が１音節です。中国語の音節は「声母」（頭の子音）と「韻母」
（「介音」「主母音」「尾音」に分かれます）、および「声調」（音の高低）という成分に分け
られます。

　中国語の発音はローマ字で表記し、ピンインと呼ばれています。ピンインで音節のしく
みを図示しますと、下図のようになります。

例　小　xiǎo

| 声調 | | | |
| --- | --- | --- | --- |
| 声母<br>（子音） | 韻母<br>（母音） | | |
| x | i | ǎ | o |
| 小 | | | |

## 2 声調

　声調とはトーンのことを指し、一語の上げ下げを表しています。中国語には４つの声調
があるので、「四声」とも言います。同じ発音でも、声調が違うと意味が違います。

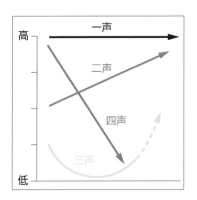

第一声　「—」：普通の声の高さより高く平らなまま持続します。声の上げ下げはありません。

第二声　「／」：声を急激に上昇させ、驚いたときの「えー！なんでー⁉」の「えー」。

第三声　「∨」：声を低くおさえます。感心したときの「へえー」。

第四声　「＼」：高いところから急激に下降します。「あー、そーかー！」「あー」。

| 妈 | 麻 | 马 | 骂 |
|---|---|---|---|
| **mā** | **má** | **mǎ** | **mà** |
| （お母さん） | （しびれる） | （馬） | （罵る） |

3

| 七 | 骑 | 起 | 气 |
|---|---|---|---|
| **qī** | **qí** | **qǐ** | **qì** |
| （七） | （乗る） | （起きる） | （気体） |

**軽声**

四声のほかに「軽声」というものがあります。他の音節の後ろに付き、軽く短く発音されるもので、声調符号はつけません。

例　māma（妈妈）母，お母さん
　　bàba （爸爸）父，お父さん

## 3 第三声の変調

第三声と第三声が連続すると、前の音節の第三声は第二声に変わります。

**nǐ　hǎo →　ní　hǎo**（你好）

4

**声調のすべての組み合わせ**

| | | | | |
|---|---|---|---|---|
| 第一声 | **āā** | **āá** | **āǎ** | **āà** |
| 第二声 | **óō** | **óó** | **óǒ** | **óò** |
| 第三声 | **ǐī** | **ǐí** | **ǐǐ(íǐ)** | **ǐì** |
| 第四声 | **ùū** | **ùú** | **ùǔ** | **ùù** |

すぐ練

① 声調に注意して次のピンインを読んでみましょう。 ▶ 5

1）nǐ hǎo　　　　2）xièxie　　　　3）bú kèqi
你好　　　　　　　谢谢　　　　　　　不客气
（こんにちは）　　（ありがとう）　　（どういたしまして）

4）hànbǎobāo　　　5）chǎofàn　　　6）kāfēi
汉堡包　　　　　　炒饭　　　　　　咖啡
（ハンバーガー）　　（チャーハン）　　（コーヒー）

② 発音を聞いて、読まれたものを選んでみよう。 ▶ 6

1）ā á ǎ　　　　2）í ì ǐ　　　　3）ǔ ú ù　　　　4）ò ǒ ō

③ 発音を聞いて、声調をつけてみよう。 ▶ 7

1）a　　　　2）o　　　　3）i　　　　4）u

5）Riben　　6）Zhongguo　　7）mama　　8）baba

④ 発音を聞いて、声調をつけ、更に発音してみよう。 ▶ 8

1）酸 甜 苦 辣
　　suan tian ku la
　（酸っぱい 甘い 苦い 辛い）

2）山 明 水 秀
　　shan ming shui xiu
　（山紫水明、山水の景色が優れている）

# 発音（2）

**本文**

▶
9

Nǐ zǎo!
**A:** 你早！　　　⇒　おはようございます。

Zǎo!
**B:** 早！　　　⇒　おはよう。

Xièxie.
**A:** 谢谢。　　　⇒　ありがとうございます。

Bú kèqi.
**B:** 不客气。　　　⇒　どういたしまして。

　中国語の母音には、次のように、基本的に6つの音があります。a、i、u、oは日本語の母音に近いですが、eとüの音は日本語にはありませんから、注意が必要です。

| a | [a] | 日本語の「ア」よりも口を大きく開けて、ハッキリ発音しましょう。 |
|---|---|---|
| o | [o] | 日本語の「オ」よりも唇を丸くなるようにして発音しましょう。 |
| e | [ɤ] | 「オ」と言いながら、舌を動かさずに唇だけ横に引き、「エ」の唇で、「オ」と発音する要領です。 |
| i | [i] | 日本語の「イ」よりも口を横にぐっと引いて、スルドク発音しましょう。 |
| u | [u] | 日本語の「ウ」より口を思いきりまるく突き出して発音しましょう。 |
| ü | [y] | 「イ」と言いながら、舌を動かさずに唇だけuのように丸めて、横笛を吹くような形を作って発音しましょう。 |

**母音の口の絵**

a　　　o　　　e　　　i　　　u　　　ü

### そり舌母音 er

　これらのほかに、舌を巻き上げて発音するそり舌母音があります。

　er[ɚ]　　　「e」と言うや否や、舌先をひょいっと巻き上げましょう。

| 儿子 | 而且 | 耳朵 | 十二 |
|---|---|---|---|
| érzi | érqiě | ěrduo | shí'èr |
| （息子） | （また） | （耳） | （12） |

# 2 複母音

中国語の韻母には、2つあるいは3つの母音からなるものがあります。

（1）二重母音（1）
口の開き方 **<** ia　　ie　　ua　　uo　　üe

▶ 12

（2）二重母音（2）
口の開き方 **>** ai　　ei　　ao　　ou

（3）三重母音
口の開き方 **<>** iao　　iou　　uai　　uei

★　i / u / ü が単独で音節となる場合、書き方が変化します。

　i / u / ü が単独で音節となる場合は、i は y を、u は w を前につけ、ü は「‥」をとって y をつけます。
　i→yi　　u→wu　　ü→yu

　また、i / u / ü が音節の先頭になる場合は、i を y に、u を w に、ü を yu に書きかえます。
ie→ye　　uo→wo　　üe→yue

★　e の発音のバリエーション

　単母音 e は、ほかの音と組むと、音色が変わってきます。そのバリエーションを紹介しておきましょう。
　①　ほとんど単母音 e のままの音　　eng
　②「ア」に近い音　　er　　軽声の e　　二 èr
　③「エ」に近い音　　ei　　ie　　üe　　en

8

すぐ練

**1** 発音してみよう。 ▶ 13

1）á 2）è 3）ǒ 4）wū

5）áo 6）yě 7）ǒu 8）yào

**2** つづりに注意して発音してみよう。 ▶ 14

雨衣 乌鸦 音乐 有无
yǔyī wūyā yīnyuè yǒuwú

**3** 発音を聞いて、読まれたものを選んでみよう。 ▶ 15

1）e u 2）ao ou 3）ye ei 4）you ao

5）yi yu 6）wu wo 7）ya yao 8）yue ye

**4** 発音を聞いて、母音を入れてみよう。 ▶ 16

猫 鸡 鸟
m＿＿＿ j＿＿＿ n＿＿＿

手 头 北
sh＿＿＿ t＿＿＿ b＿＿＿

# 発音（3）

**本文**

A: 好久 不见。　⇒　お久しぶりです。
（Hǎojiǔ　bú jiàn.）

B: 好久 不见。　⇒　お久しぶりです。
（Hǎojiǔ　bú jiàn.）

A: 对不起。　⇒　すみません。
（Duìbuqǐ.）

B: 没关系。　⇒　かまいません。
（Méi guānxi.）

## 1 子音 (1)

中国語の子音は全部で 21 あります。

|  | 無気音 | 有気音 | 鼻音 | 摩擦音 | 有声音 |
|---|---|---|---|---|---|
| 唇音<br>しん | b(o) | p(o) | m(o) | f(o) | |
| 舌尖音<br>ぜっせん | d(e) | t(e) | n(e) | | l(e) |
| 舌根音<br>ぜっこん | g(e) | k(e) | | h(e) | |
| 舌面音<br>ぜつめん | j(i) | q(i) | | x(i) | |
| そり舌音 | zh(i) | ch(i) | | sh(i) | r(i) |
| 舌歯音<br>ぜっし | z(i) | c(i) | | s(i) | |

## 2 無気音と有気音

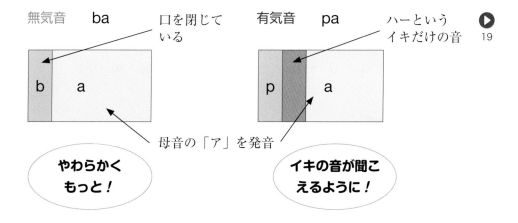

無気音　ba　　口を閉じている

有気音　pa　　ハーというイキだけの音

b　a

p　a

母音の「ア」を発音

やわらかくもっと！

イキの音が聞こえるように！

　日本語では清濁を区別し、「か」は「蚊」を、「が」は「蛾」を指すように、まったく異なっています。中国語の無気音と有気音も、これに似ています。たとえば、無気音の「bó」（脖）は「首」という、有気音の「pó」（婆）は「おばあさん」という意味なのです。
　以下のピンインは、無気音・有気音の組み合わせになっています。

bo／po　　de／te　　ge／ke　　ji／qi　　zhi／chi　　zi／ci

| | | |
|---|---|---|
| b (o) | 無気音です。イキの音がしないように。 | |
| p (o) | 有気音です。イキの音が出るように注意！ | |
| m(o) | 日本語のマ行とほぼ同じ。 | |
| f (o) | 上の歯と下の唇ですき間を作って発音します。英語のfと同じ。 | |
| d (e) | 無気音です。イキの音がしないように。 | |
| t (e) | 有気音です。イキの音が出るように、また「ツー」にならないように。 | |
| n (e) | 日本語のナ行とほぼ同じ。 | |
| l (e) | 舌の先を歯の裏につけて発音する。 | |
| g (e) | 無気音です。「ゴ」に近いですが、濁らないように。 | |
| k (e) | 有気音です。イキの音が出るように「コー」と。 | |
| h (e) | のどの奥を摩擦させながらイキの音が出るように「ハー」と。 | |
| j (i) | 無気音です。「ジ」に近い発音ですが、濁らないように。 | |
| q (i) | 有気音です。イキの音が出るように「チー」と。 | |
| x (i) | 日本語の「シ」に近い。英語のseaの音（スィー）にならないように。 | |

★　j, q, x に ü が続く場合、ü の上の「¨」は省略され、次のようにつづられます。

j + ü → ju　　q + ü → qu　　x + ü → xu　　例　xù（序）

★　声調記号のつけ方

1）声調記号は母音の上につけます。

2）iの上に声調記号をつける場合は、iの上の「・」をとって声調記号をつけます。

3）複母音の場合は、主母音—口を一番大きく開ける母音の上につけます。口の開きの大きい順に、次のような順番になっています。

a> o ／ e > i ／ u ／ ü

aがあればaに。aがなければoかeに。iとuが並ぶ場合、後ろの方に。

★　隠れるeとo

複母音 iou、uei が、前に子音を伴う場合、真ん中のeやoは表記されません。

| | | | |
|---|---|---|---|
| | iou → -iu | （例）l + iòu → liù |
| 子音+ | uei → -ui | （例）h + uēi → huī |
| | uen → -un | （例）l + uén → lún |

 すぐ練

**1** 違いに気をつけて発音してみよう。

⏵ 21

gē（哥）／ kē（科）　　　　jī（鸡）／ qī（七）

fú（服）／ hú（湖）　　　　gǒu（狗）／ kǒu（口）

dù（肚）／ tù（兔）　　　　bà（爸）／ pà（怕）

**2** 次の言葉を発音してみよう。

⏵ 22

対不起　　　　不客气　　　　独特　　　　和服
duìbuqǐ　　　　bú kèqi　　　　dútè　　　　héfú

**3** 発音を聞いて、読まれたものを選んでみよう。

⏵ 23

1）pā bā　　　2）hū fū　　　3）tā dā　　　4）gē kē

5）jiē qiē　　　6）fēi hēi　　　7）tī dī　　　8）kāi gāi

**4** 次の音声を聞いて、声調記号をつけてみよう。

⏵ 24

一　　　二　　　三　　　四　　　五
yi　　　er　　　san　　　si　　　wu

六　　　七　　　八　　　九　　　十
liu　　　qi　　　ba　　　jiu　　　shi

# 発音（4）

**本文**

Qǐng zuò.
A: **请坐**。　　　⇒　どうぞおかけ下さい。

Xièxie.
B: **谢谢**。　　　⇒　ありがとう。

～～～～～～～～～～～

Děng yíxià.
A: **等一下**。　　⇒　ちょっと待ってください。

Hǎo de.
B: **好的**。　　　⇒　わかりました。

# 1 子音 (2)

## そり舌音

　「そり舌音」とは、舌先をそり上げて発音するものです。舌先は、上の歯茎の裏のさらに上の、やや高くなった位置まで上げてください。その際、たいせつなことは、図のように、舌の表と裏の両方に空間をつくることです。音は、ややこもった音になります。

zh(i)　　ch(i)　　sh(i)　　r(i)　　　　　　z(i)　　c(i)　　s(i)

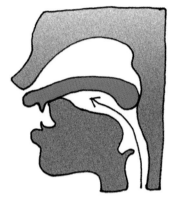

「そり舌音」の舌の位置

26

## 子音 (15〜21)

| | |
|---|---|
| zh (i) | そり舌音で無気音です。舌をそり上げ、イキの音がしないように、「ヂ」と言ってみましょう。 |
| ch (i) | そり舌音で有気音です。舌をそり上げ、イキの音が出るように、「チ」と言ってみましょう。 |
| sh (i) | そり舌音で舌をそり上げ、「シ」と言ってみましょう。 |
| r (i) | そり舌音です。shi の要領で、声帯を勢いよく震わせ、濁った「shi」のような音を出します。「リ」とならないように注意しましょう。 |
| z (i) | 無気音です。イキの音がしないように「ツー」と言ってみましょう。 |
| c (i) | 有気音です。思いっきりイキの音が出るように「ツー」と言ってみましょう。 |
| s (i) | 口の端を横に引いて、「スー」と言ってみましょう。 |

## ★　異なる3つのi

① ji, qi, xi の i は日本語の「イ」とほぼ同じ。([i])
② zhi, chi, shi, ri の i はそり舌で，こもった「イ」のような音。([ʅ])
③ zi, ci, si の i は，口の両端を引いて歯を食いしばって「ウ」と言ったときに近い。([ɿ])

### 鼻音 -n と -ng

　中国語では、日本語で「－ン」という音を２つに区別します。-n と -ng です。日本語の「案内　アンナイ」の「ン」は上前歯の裏辺りに舌先がつき、「案外　アンガイ」の「ン」は、舌先はどこにもついていないはずです。「アンナイ」の「－ン」はつまり中国語の -n、「アンガイ」の「－ン」は中国語の -ng に相当するのです。

日本語の「アン」は・・・・・

中国語の ān と āng

　鼻音 -n と -ng を伴う母音は次の 16 個あります。

| | | | | |
|---|---|---|---|---|
| an | en | ang | eng | ong |
| ian<br>(yan) | in<br>(yin) | iang<br>(yang) | ing<br>(ying) | iong<br>(yong) |
| uan<br>(wan) | uen<br>(wen) | uang<br>(wang) | ueng<br>(weng) | |
| üan<br>(yuan) | ün<br>(yun) | | | |

<注意>　ian は「イエン」と、üan は「ユエン」と発音します。

### r 化

　音節のおしまいに、舌をそり上げて発音するものがあります。これを「r 化」と言います。漢字では "儿" と書きますが、ピンインでは音節末に r だけをつけます。

huār（花儿）　　　　gēr（歌儿）　　　←変化なし

-i　＋ r　xiǎoháir　　（小孩儿）　　　míngpáir（名牌儿）　　← -i 脱落

-n　＋ r　wánr　　　（玩儿）　　　　yìdiǎnr　（一点儿）　　← -n 脱落

-ng ＋ r　kòngr　　　（空儿）　　　　xìnfēngr（信封儿）　　←母音が鼻音化

27

28

16

すぐ練

**1** 次の単語を発音してみよう。　　　　　　　　　　　　　　　▶ 29

zhǐ（纸）　　chá（茶）　　chē（车）　　chǎo（炒）

shé（蛇）　　shòu（瘦）　　rì（日）　　ròu（肉）

zì（字）　　cài（菜）　　cǎo（草）　　sè（色）


**2** n と ng の違いに注意して発音してみよう。　　　　　　　　▶ 30

xīnqíng（心情）　　xiànxiàng（现象）　　rénshēng（人生）　　yīngxióng（英雄）


**3** r 化に注意して発音してみよう。　　　　　　　　　　　　　▶ 31

gàir（盖儿）　　huàr（画儿）　　xiǎo māor（小猫儿）　　fànuǎnr（饭馆儿）


**4** 次の音声を聞いて、空欄に（声母）子音を入れてみよう。　　　▶ 32

（　）ān　　（　）ì　　（　）uō　　（　）ē　　（　）uǐ
　山　　　　日　　　桌　　　车　　　水


**5** 次の教室用語を発音して、覚えてみよう。　　　　　　　　　▶ 33

Qǐng dǎkāi shū
请打开书。　　　　　テキストを開けてください。

Qǐng zài tīng yí biàn.
请再听一遍。　　　　もう一度聞いてください。

場面 パーティーで

機能 国籍を尋ねる。褒める。謙遜して返事をする。

### 本文

34

Nǐ shì Zhōngguórén ma?

A: 你 是 中国人 吗?

Duì, wǒ shì Zhōngguórén. Nǐ ne?

B: 对，我 是 中国人。你 呢?

Wǒ shì Rìběnrén.

A: 我 是 日本人。

Nǐ de Hànyǔ zhēn hǎo.

B: 你 的 汉语 真 好。

Xièxie. Rènshi nǐ, wǒ hěn gāoxìng.

A: 谢谢。认识 你，我 很 高兴。

Qǐng duōduō guānzhào.

B: 请 多多 关照。

> A：あなたは中国人ですか。
>
> B：はい、私は中国人です。あなたは？
>
> A：私は日本人です。
>
> B：あなたの中国語は本当に上手ですね。
>
> A：ありがとうございます。お会いできて嬉しいです。
>
> B：どうぞよろしくお願いします。

### 新出語句

35

□ 是 shì ～は～です

□ 中国人 Zhōngguórén 中国人

□ 吗 ma ～か 「はい」か「いいえ」を答えてほしい
　　　　　時に使う

□ 对 duì そうです、あっています

□ 我 wǒ 私、僕

□ 呢 ne ～は？ 質問に聞き返す時に使う

□ 的 de ～の

□ 汉语 Hànyǔ 中国語

□ 真 zhēn 本当に

□ 好 hǎo よい、素晴らしい

□ 认识 rènshi 知り合う

□ 很 hěn とても、たいへん

□ 高兴 gāoxìng 嬉しい

□ 请 qǐng 请＋動詞　どうぞ～してください

□ 多多关照 duōduō guānzhào よろしくお願いします

■ 本文 を参考にして、「言葉のトッピング」から語句を選び、会話してみよう。

A: 你是<u>中国人</u>吗？

B: 对，我是 ........................。你呢？

A: 我是 ........................。

B: 认识你，我很高兴。

··· 言葉のトッピング ···　▶

36

美国人
Měiguórén

德国人
Déguórén

高中生
gāozhōngshēng

大学生
dàxuéshēng

老师
lǎoshī

学生
xuésheng

■ 次の文を読んで、日本語に訳してみよう。

▶

我是日本人，认识你，我很高兴，请多多关照。

37

........................................................................

........................................................................

「ニーハオ」は万能の挨拶

　「你好」は、日本でもお馴染み、世界でも広く知れ渡る中国語と言えるでしょう。ある日、学生から言われたことが印象に残っています。「先生、"你好"って本当に素敵な挨拶ですね。〈あなたがいい〉と相手を褒めることから、コミュニケーションを始めるなんて。」

　普段、無意識に使っている言葉について、とても素敵な感想を耳にし、大変驚かされました。確かに、日本語の「おはようございます。」「こんにちは！」「こんばんは！」全ての場面で使用でき、便利な挨拶でもあります。電話でも、道を尋ねたい時にも「你好」から始められます。

## ① "是 shì"

38

"是"は「～は…である」という意味です。

| 肯定文 | A（主語）＋"是"＋B（目的語） | （A は B である。） |
| 否定文 | A（主語）＋"不"＋"是"＋B（目的語） | （A は B ではない。） |
| 疑問文 | A（主語）＋"是"＋B（目的語）＋"吗"？ | （A は B であるか？） |

⑴　我是日本人。　　　　Wǒ shì Rìběnrén.

⑵　他不是韩国人。　　　Tā bú shì Hánguórén.

⑶　你是大学生吗？　　　Nǐ shì dàxuéshēng ma?

"不"は本来第四声ですが、後ろに第四声が続く場合、第二声に変調するルールがあります。

## ② 助詞 "的 de"

39

"的"は日本語の「の」に当たります。「…＋"的"＋名詞」の形で使われます。

＊修飾する語が文脈で分かっている場合，"的"の後ろの名詞は省略できます。

⑴　我是同学社大学的学生。　　　　Wǒ shì Tóngxuéshè dàxué de xuésheng.

⑵　他是我的朋友。　　　　　　　　Tā shì wǒ de péngyou.

⑶　你是同学社大学的（学生）吗？　Nǐ shì Tóngxuéshè de (xuésheng)ma?

## ③ "呢 ne"

40

名詞や名詞文のあとに置いて，「～は？」という意味を表します。

⑴　我是日本人，你呢？　　　Wǒ shì Rìběnrén, nǐ ne?

⑵　我们是学生。你们呢？　　Wǒmen shì xuésheng. Nǐmen ne?

⑶　她是老师，他呢？　　　　Tā shì lǎoshī, tā ne?

人称代名詞

| | 単数 | 複数 |
|---|---|---|
| 一人称 | 我 wǒ（私） | 我们 wǒmen（私たち）<br>咱们 zánmen（私たち）〔聞き手も含む〕 |
| 二人称 | 你 nǐ（あなた）<br>您 nín（你 の敬称） | 你们 nǐmen（あなたたち） |
| 三人称 | 他 tā（彼）<br>她 tā（彼女） | 他们 tāmen（彼ら）<br>她们 tāmen（彼女たち） |

すぐ練

**1** を練習してみよう。

▶中国語に訳してみよう。

(1) 私たちは日本人です。

..........................................................................................................................

(2) 私は大学生ではありません。

..........................................................................................................................

(3) あなたは中国人ですか。

..........................................................................................................................

**2** を練習してみよう。

▶次のピンインを漢字に直して、日本語に訳してみよう。

(1) Wǒmen shì Tóngxuéshè dàxué de xuésheng.

漢字 ..................................................................................................................

日本語 ..............................................................................................................

(2) Nín shì tā de lǎoshī ma?

漢字 ..................................................................................................................

日本語 ..............................................................................................................

**3** を練習してみよう。

▶次のピンインを漢字に直してみよう。

(1) Wǒmen shì Rìběnrén, nǐmen ne?

..........................................................................................................................

(2) Tā shì xuésheng, nǐ ne?

..........................................................................................................................

# 第 6 课

場面 喫茶店で

機能 何を飲むかを尋ねる。

**本文**

41

A: Nǐ hē shénme?
你 喝 什么?

B: Wǒ hē kāfēi.
我 喝 咖啡。

A: Nǐ hē bīngkāfēi háishi hē rèkāfēi?
你 喝 冰咖啡 还是 喝 热咖啡?

B: Wǒ hē rè de.
我 喝 热 的。

A: Nǐ xǐhuan chī dàngāo ma?
你 喜欢 吃 蛋糕 吗?

B: Xǐhuan, dànshì, wǒ pà pàng,
喜欢, 但是, 我 怕 胖,

nǐ chī ba.
你 吃 吧。

> A：あなたは何を飲みますか。
> B：私はコーヒーを飲みます。
>
> A：あなたはアイスコーヒーを飲みますか、それ
>   ともホットコーヒーを飲みますか。
> B：私はホットを飲みます。
>
> A：あなたはケーキ(を食べるの)が好きですか。
> B：好きです。でも、太るのが心配なので、あな
>   たが食べてください。

**新出語句**

42

| | | | | | | |
|---|---|---|---|---|---|---|
| □喝 | hē | 飲む | | □喜欢 | xǐhuan | 好きだ |
| □什么 | shénme | なに | | □吃 | chī | 食べる |
| □咖啡 | kāfēi | コーヒー | | □蛋糕 | dàngāo | ケーキ |
| □冰咖啡 | bīngkāfēi | アイスコーヒー | | □但是 | dànshì | しかし |
| □还是 | háishi | 「A それとも B ？」を聞く時に使う | | □怕 | pà | 心配する、恐れる |
| □热咖啡 | rèkāfēi | ホットコーヒー | | □胖 | pàng | 太る |
| □热 | rè | 熱い、暑い | | □吧 | ba | ～しましょう、～でしょう |

**▌**本文 **を参考にして、「言葉のトッピング」から語句を選び、会話してみよう。**

A: 你喝什么？

43

B: _____ 。

A: 你喜欢喝冰 _____，还是热 _____？

B: _____ 。

A: 你喜欢吃 _____ 吗？

B: _____ 。

**⋯ 言葉のトッピング 🐼 ⋯ ▶**

红茶
hóngchá

冰淇淋
bīngqílín

乌龙茶
wūlóngchá

三明治
sānmíngzhì

牛奶
niúnǎi

曲奇
qǔqí

**▌次の文を読んで、日本語に訳してみよう。**

▶
44

我喜欢喝咖啡。我喝热咖啡。我不喜欢吃蛋糕。

_____

_____

「民以食為天」

「民以食為天（民は食を以て天と為す）」と言われるように、食文化が生活の柱であることは言うまでもありません。中国語には "吃" と関係がある言葉も沢山あります。例えば、驚くことは "吃惊"、苦労することは "吃苦"、損することは "吃亏"、人気があることは "吃香" と言います。また、美しい景色は "秀色可餐"、素晴らしい文章や出来事に感心する時は "脍炙人口"、何かを欲しがることを "垂涎三尺" と表現します。失敗を糧にすることは "吃一堑，长一智"、一芸は身を助けるは "一招鲜，吃遍天" です。

## 1　主語＋動詞＋目的語

▶ 45

中国語の基本文型は「S（主語）＋ V（動詞）＋ O（目的語）」。

肯定文　　| 主語 ＋ 動詞 ＋ 目的語 |

否定文　　| 主語 ＋ "不" ＋ 動詞 ＋ 目的語 |

疑問文　　| 主語 ＋ 動詞 ＋ 目的語 ＋ "吗" ？ |

反復疑問文　　| 主語 ＋ 動詞 ＋ "不" ＋ 動詞 ＋ 目的語 ？ |

⑴　我学汉语。　　　　Wǒ xué Hànyǔ.

⑵　他不吃蛋糕。　　　Tā bù chī dàngāo.

⑶　你喝咖啡吗？　　　Nǐ hē kāfēi ma?

⑷　你喝不喝红茶？　　Nǐ hē bu hē hóngchá?

## 2　疑問詞疑問文

▶ 46

疑問詞が入っている疑問文。文末に "吗" はつけません。

⑴　你喝什么？　　　Nǐ hē shénme

⑵　你们去哪儿？　　Nǐmen qù nǎr?

⑶　她是谁？　　　　Tā shì shéi

## 3　選択疑問文

▶ 47

A "还是" B？「A それとも B？」文末に "吗" はつけません。

⑴　他学汉语还是学法语？　　　Tā xué Hànyǔ háishi xué Fǎyǔ?

⑵　你喝红茶还是喝咖啡？　　　Nǐ hē hóngchá háishi hē kāfēi?

⑶　你是日本人还是韩国人？　　Nǐ shì Rìběnrén háishi Hánguórén?

**①** を練習してみよう。

▶日本語の意味になるように、順番を並べ替えてみよう。

(1) わたしはサンドイッチを食べます。

三明治　吃　我 .................................................................................。

(2) 彼女はケーキを食べません。

她　蛋糕　吃　不 .................................................................................。

(3) あなたは紅茶が好きですか。

喜欢　你　红茶　喝　不喜欢 .................................................................................?

**②** を練習してみよう。

▶適当な語を空欄に入れてみよう。

哪儿　谁　什么

(1) 你喝（　　　　　）?

(2) 您去（　　　　　）?

(3) 她是（　　　　　）?

**③** を練習してみよう。

▶中国語に訳してみよう。

(1) あなたは中国人ですか、それとも日本人ですか。

.................................................................................

(2) 先生は中国へ行きますか、それとも韓国に行きますか。

.................................................................................

(3) 彼はコーヒーが好きですか、それとも紅茶が好きですか。

.................................................................................

## 第 7 课

 場面 昼休みに
機能 誘う。提案する。時間を尋ねる。

**本文**

A: Xīngqīliù wǒmen yìqǐ qù kàn diànyǐng ba.
星期六 我们 一起 去 看 电影 吧。

B: Tài hǎo le! Kàn shénme diànyǐng?
太 好 了! 看 什么 电影?

A: Kàn Zhōngguó diànyǐng, zěnmeyàng?
看 中国 电影,怎么样?

B: Kěyǐ, jǐ diǎn qù?
可以,几 点 去?

A: Xiàwǔ sì diǎn, hǎo ma?
下午 四 点,好 吗?

B: Hǎo. Méi wèntí.
好。没 问题。

> A：土曜日、一緒に映画を見に行きませんか。
> B：いいですね！どんな映画を見ますか。
>
> A：中国映画はいかがですか。
> B：いいですね。何時に行きますか。
>
> A：午後4時で、いかがですか。
> B：はい、問題ありません。

**新出語句**

| | | | | | | |
|---|---|---|---|---|---|---|
| □ 星期六 | xīngqīliù | 土曜日 | | □ 怎么样 | zěnmeyàng | 如何でしょうか |
| □ 我们 | wǒmen | 私たち | | □ 可以 | kěyǐ | OK、いいですよ |
| □ 一起 | yìqǐ | 一緒に | | □ 几点 | jǐ diǎn | 何時 |
| □ 去 | qù | 行く | | □ 下午 | xiàwǔ | 午後 |
| □ 看 | kàn | 見る | | □ 四点 | sì diǎn | 四時 |
| □ 电影 | diànyǐng | 映画 | | □ 好吗 | hǎo ma | どうですか |
| □ 太好了 | tài hǎo le | やった！よかった | | □ 没问题 | méi wèntí | 大丈夫だ |

**本文** を参考にして、「言葉のトッピング」から語句を選び、会話してみよう。

A: ＿＿＿＿＿＿＿ 我们一起去 ＿＿＿＿＿＿＿。

B: 太好了！＿＿＿＿＿＿＿。

A: ＿＿＿＿＿＿＿？

B: 几点去？

A: ＿＿＿＿＿＿＿ 去，好吗？

B: ＿＿＿＿＿＿＿。

> 言葉のトッピング　50

看比赛
kàn bǐsài

网球
wǎngqiú

买东西
mǎi dōngxi

衣服
yīfu

听音乐
tīng yīnyuè

交响音乐
jiāoxiǎng yīnyuè

> 次の文を読んで、日本語に訳してみよう。

50

星期六我们去看电影，我们看中国电影，我们下午四点去。

＿＿＿＿＿＿＿＿＿＿＿＿＿＿＿＿＿＿＿＿＿＿＿＿＿＿＿＿＿＿＿＿＿

＿＿＿＿＿＿＿＿＿＿＿＿＿＿＿＿＿＿＿＿＿＿＿＿＿＿＿＿＿＿＿＿＿

51

---

「中国の方言」

　「今『北京語』を習っています」と、おっしゃる方がいますが、これは若干、違和感があります。
中国人は日本語の「標準語」を習いますが、「東京語」を習っているとは言わないでしょう。外国
語として習っている中国語は「普通話」と呼ばれ、「北京語」は あくまでも北方語の方言の一つです。
　中国には大きく分けて「北方語」、「呉語（上海語・蘇州語）」「粤語（広東語）」「贛語（南昌語）」
「湘語（長沙語）」「閩語（福建省、台湾）」「客家語」の七つに分類されます。

学習のポイント

**1  年月日・曜日の言い方**

52

一九四九年　　　　　二〇一九年　　　　　二〇二〇年
yī jiǔ sì jiǔ nián　　èr líng yī jiǔ nián　　èr líng èr líng nián

一月　　　二月　　　三月　　　～　　十二月
yīyuè　　　èryuè　　sānyuè　　～　　shí'èr yuè

一号　　　二号　　～　　三十一号 （書き言葉では "日" rì）
yī hào　　èr hào　～　　sānshiyī hào

| 月曜日 | 火曜日 | 水曜日 | 木曜日 | 金曜日 | 土曜日 | 日曜日 |
|---|---|---|---|---|---|---|
| 星期一 | 星期二 | 星期三 | 星期四 | 星期五 | 星期六 | 星期天 (日) |
| xīngqīyī | xīngqī'èr | xīngqīsān | xīngqīsì | xīngqīwǔ | xīngqīliù | xīngqītiān(rì) |

◆ 数量表現は "是" を使わず、直接述語になることができます。

今天几月几号星期几？　　　Jīntiān jǐ yuè jǐ hào xīngqī jǐ?
——今天六月十二号星期三。　——Jīntiān liùyuè shíèr hào xīngqīsān.

**2  時刻の言い方**

53

1:00　一点　yì diǎn（yī diǎn とも読む）　2:00　两点　liǎng diǎn
2:02　两点零二分　liǎng diǎn líng èr fēn
3:15　三点一刻　sān diǎn yí kè（刻＝15分間）　＝ 三点十五分　sān diǎn shíwǔ fēn
4:30　四点半　sì diǎn bàn　　　　　　　　　＝ 四点三十分　sì diǎn sānshí fēn
5:45　五点三刻　wǔ diǎn sān kè　　　　　　＝ 五点四十五分　wǔ diǎn sìshiwǔ fēn
6:50　差十分七点　chà shífēn  qī diǎn　　　＝ 六点五十分　liù diǎn wǔshí fēn

時刻を表すことばは動詞の前に置きます。

(1)　你每天几点起床？　　Nǐ měitiān jǐ diǎn qǐchuáng?
(2)　我十二点吃午饭。　　Wǒ shíèr diǎn chī wǔfàn.

**3  連動文**

54

　主語が1つで、2つ以上の動詞句が連続している文は連動文と言います。動作の起こる順に動詞を並べます。

(1)　一起去看电影吧。　　Yìqǐ qù kàn diànyǐng ba.
(2)　他来日本旅行。　　　Tā lái Rìběn lǚxíng.
(3)　我去买东西。　　　　Wǒ qù mǎi dōngxi.

28

 すぐ練

**①** を練習してみよう。

▶中国語に訳してみよう。

(1) 今日は何曜日ですか。

.................................................................................................................

(2) 今日は木曜日です。

.................................................................................................................

(3) 日曜日一緒に旅行に行きましょう。

.................................................................................................................

**②** を練習してみよう。

▶中国語に訳してみよう。

(1) あなたは何時に起きますか。

.................................................................................................................

(2) わたしは8時45分に起きます。

.................................................................................................................

(3) わたしは毎日12時30分に昼ご飯を食べます。

.................................................................................................................

**③** を練習してみよう。

▶日本語の意味になるように、単語の順番を並べ替えてみよう。

(1) 看电影 ／ 去 ／ 我们 ／ 吧 ／ 一起　（私たちは一緒に映画を見に行きましょう）

.................................................................................................................

(2) 去 ／ 她 ／ 学 ／ 中国 ／ 汉语　（彼女は中国に行って中国語を勉強します）

.................................................................................................................

(3) 他 ／ 什么 ／ 去 ／ 买　（彼は何を買いに行きますか）

.................................................................................................................

場面 倶楽部かジムで

機能 家族構成や年齢を尋ねる。

本文

55

Nǐ jiā zài nǎr?
A: 你 家 在 哪儿?

Wǒ jiā zài Héngbīn.
B: 我 家 在 横滨。

Nǐ yǒu xiōngdì jiěmèi ma?
A: 你 有 兄弟 姐妹 吗?

Yǒu, wǒ yǒu yí ge jiějie.
B: 有, 我 有 一 个 姐姐。

Tā jīnnián duō dà?
A: 她 今年 多 大?

Tā jīnnián èrshisān suì.
B: 她 今年 二十三 岁。

A：あなたの家はどこにありますか。
B：私の家は横浜にあります。

A：あなたは兄弟姉妹がいますか。
B：います。私は姉が1人います。

A：彼女は今年いくつですか。
B：彼女は今年23歳です。

新出語句

56

□ 家　jiā　家
□ 在　zài　〜は〜にある、ある（存在する）
□ 哪儿　nǎr　どこ
□ 横滨　Héngbīn　横浜
□ 有　yǒu　持っている、〜に〜がある
□ 兄弟　xiōngdì　兄弟
□ 姐妹　jiěmèi　姉妹

□ 个　ge　人などを数える量詞
□ 姐姐　jiějie　姉
□ 她　tā　彼女
□ 今年　jīnnián　今年
□ 多大　duō dà　いくつ（年齢を聞く）
□ 岁　suì　歳

**本文** を参考にして、「言葉のトッピング」から語句を選び、会話してみよう。

A: 你家在哪儿？

B: _____。

A: 你有兄弟姐妹吗？

B: _____。

A: 你今年多大？

B: _____。

**言葉のトッピング** ▶

57

哥哥
gēge

姐姐
jiějie

弟弟
dìdi

妹妹
mèimei

爷爷·姥爷
yéye  lǎoye

奶奶·姥姥
nǎinai lǎolao

爸爸(父亲)
bàba  fùqīn

妈妈(母亲)
māma mǔqīn

次の文を読んで、日本語に訳してみよう。

▶

我家在横滨，我爸爸四十七岁，妈妈四十五岁。我有一个姐姐，她今年二十三岁。58

_____

_____

「中国のお茶」

　　日本伝統文化の「侘び寂び」の精神が重んじられる茶道とは違いますが、中国にもお茶を楽しむ「茶芸」という作法があります。日本にも中国茶の作法を教える「茶芸教室」があり、中国茶の歴史やお茶の種類、飲み方を教えてくれます。

　　最近は、"侘寂 chàjì" が中国語にもなっており、日本の茶道を習うことを含めた体験型の旅行が人気だそうです。自国の文化を発信することも外国語を習う一つの役割。中国人観光客とお茶を飲みながら、お互いの「茶文化」について花を咲かせるのもいいですね。

## 1 動詞 "在 zài"

59

モノ／人＋"在"＋場所を表す言葉 「～は～にある／いる」

(1) 我家在东京。　　　Wǒ jiā zài Dōngjīng.

(2) 便利店在哪儿？　　Biànlìdiàn zài nǎr?

　　——在学校旁边儿。　——Zài xuéxiào pángbiānr.

(3) 老师不在家。　　　Lǎoshī bú zài jiā.

## 2 動詞 "有 yǒu"

60

主語（ヒト）＋"有"＋目的語（モノ）「～を持っている」

否定は"不"ではなく、"没有"を使います。

(1) 我有两台电脑。　　Wǒ yǒu liǎng tái diànnǎo.

(2) 我没有信用卡。　　Wǒ méiyou xìnyòngkǎ.

(3) 有没有黑色的？　　Yǒu méiyou hēisè de?

## 3 年齢の言い方

61

年齢を表す言葉は"是"を使わず、直接述語になります。

(1) 我今年十九岁。　　Wǒ jīnnián shíjiǔ suì.

(2) 老师四十一岁。　　Lǎoshī sìshiyī suì.

年齢の尋ね方は相手の年齢によって違います。

(3) 你今年多大？　　　Nǐ jīnnián duō dà?

(4) 您多大岁数？　　　Nín duō dà suìshu?

(5) 你儿子几岁？　　　Nǐ érzi jǐ suì?

人称代名詞が親族や友人などを修飾する場合、「～の」にあたる"的"が省略できます。

すぐ練

**①** を練習してみよう。

▶中国語に訳してみよう。

(1) 同学社大学は東京にあります。

........................................................

(2) コンビニはどこにありますか。

........................................................

(3) あなたは土曜日、家にいますか？

........................................................

**②** を練習してみよう。

▶次の質問に中国語で答えを書いてみよう。

(1) 你有没有电脑？

........................................................

(2) 你有没有姐姐？

........................................................

(3) 你有信用卡吗？

........................................................

**③** を練習してみよう。

▶ペアで問答練習をしてみよう。

(1) 你今年多大？

........................................................

(2) 你妈妈多大岁数？

........................................................

(3) 你的老师多大岁数？

........................................................

第 **9** 课

**場面** キャンパスで

**機能** 評価する。願望・要件を言う。

### 本文

62

Nǐ kàn, wǒ de shǒujītào zěnmeyàng?
A: 你 看，我 的 手机套 怎么样？

Zhēn piàoliang! Wǒ yě xiǎng mǎi.
B: 真 漂亮！我 也 想 买。

Shāngdiàn hěn jìn, zǒu liǎng fēnzhōng jiù dào.
A: 商店 很 近，走 两 分钟 就 到。

Tài hǎo le. Nǐ dài wǒ qù ba.
B: 太 好 了。你 带 我 去 吧。

Hǎo. Děng yíxià, wǒ fā yí ge yóujiàn.
A: 好。等 一下，我 发 一 个 邮件。

Méi guānxi, bù zháojí.
B: 没 关系，不 着急。

A：見て、私の携帯ケースはどうですか。
B：本当にきれいですね！私も買いたいです。

A：お店はすぐ近くです。歩いて２分で着きます。
B：いいですね！私を連れて行ってください。

A：いいですよ。ちょっと待ってください。
　　メールを１通出してから。
B：大丈夫です。慌てないで。

### 新出語句

63

| | | |
|---|---|---|
| □手机套 | shǒujītào | 携帯ケース |
| □漂亮 | piàoliang | 奇麗だ、格好いい |
| □也 | yě | ～も |
| □想 | xiǎng | 想+動詞 ～したい |
| □买 | mǎi | 買う |
| □商店 | shāngdiàn | 店、商店 |
| □近 | jìn | 近い |
| □走 | zǒu | 歩く |
| □（两）分钟 | (liǎng)fēnzhōng | （2）分間 |

| | | |
|---|---|---|
| □就 | jiù | すぐ |
| □到 | dào | 着く |
| □带 | dài | 連れて行く、案内する |
| □等 | děng | 待つ |
| □一下 | yíxià | 動詞+一下　～ちょっと（する） |
| □发 | fā | 出す、送る |
| □邮件 | yóujiàn | メール |
| □不 | bù | いいえ、～ない |
| □着急 | zháojí | 慌てる |

34

**本文** を参考にして、「言葉のトッピング」から語句を選び、会話してみよう。

A: _____ 怎么样？

B: 真不错！我也想 _____。

A: _____ 很近，走 _____ 分钟就到。

B: _____。

A: 好。等一下，我发一个邮件。

B: _____

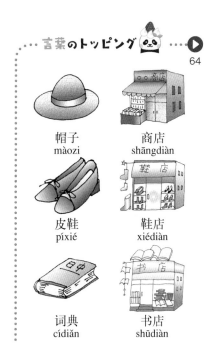

言葉のトッピング

64

帽子
màozi

商店
shāngdiàn

皮鞋
píxié

鞋店
xiédiàn

词典
cídiǎn

书店
shūdiàn

次の文を読んで、日本語に訳してみよう。

65

他的手机套很漂亮，我也想买。商店很近，走两分钟就到。

_____

_____

---

辞书に載っていない中国語（1）

【绝绝子 juéjuézǐ】

「本当に最高だ！」と「本当に最悪だ！」と、二つの意味に使われます。

这个菜真的绝绝子！太好吃了！Zhège cài zhēn de juéjuézǐ! Tài hǎochīle!
この料理は最高です。本当に美味しい！

他的态度太坏了，简直绝绝子！Tā de tàidu tài huài le, jiǎnzhí juéjuézǐ!
彼の態度は悪すぎる。本当に最悪！

## 1 形容詞述語文

66

肯定文の場合、形容詞にかざりとなる副詞 "很" などが必要です。

| (1) | 学校很远。 | Xuéxiào hěn yuǎn. |
| (2) | 天气真好！ | Tiānqì zhēn hǎo! |
| (3) | 汉语难不难？ | Hànyǔ nán bu nán？ |
| | ——不难，很容易。 | —— Bù nán, hěn róngyi. |

## 2 助動詞 "想 xiǎng"

67

「〜したい」と願望を表します。否定文は "想" の前に "不" を置きます。

| (1) | 我想看足球比赛。 | Wǒ xiǎng kàn zúqiú bǐsài. |
| (2) | 他不想喝酒。 | Tā bù xiǎng hē jiǔ. |
| (3) | 他们想去图书馆吗？ | Tāmen xiǎng qù túshūguǎn ma? |
| (4) | 你想不想吃中国菜？ | Nǐ xiǎng bu xiǎng chī Zhōngguócài. |

## 3 時間量の言い方

68

一个小时 yí ge xiǎoshí　两个小时 liǎng ge xiǎoshí　一个半小时 yí ge bàn xiǎoshí
一分钟 yì fēnzhōng　两分钟 liǎng fēnzhōng　一刻钟 yí kè zhōng
一天 yì tiān　两天 liǎng tiān　半天 bàn tiān　一天半 yì tiān bàn
一个星期 yí ge xīngqī　两个星期 liǎng ge xīngqī
一个月 yí ge yuè　两个月 liǎng ge yuè　半个月 bàn ge yuè　一个半月 yí ge bàn yuè
一年 yì nián　两年 liǎng nián　半年 bàn nián　一年半 yì nián bàn

時間量を表すことばは動詞の後ろに置きます。
目的語がある場合は，動詞＋時間量＋目的語の順になります。

| (1) | 我每天睡七个小时。 | Wǒ měitiān shuì qī ge xiǎoshí. |
| (2) | 从你家到学校要多长时间？ | Cóng nǐ jiā dào xuéxiào yào duō cháng shíjiān? |
| (3) | 我每天学一个半小时汉语。 | Wǒ měitiān xué yí ge bàn xiǎoshí Hànyǔ. |

すぐ練

**❶を練習してみよう。** ━━━━━━━━━━━━━━━

▶**中国語に訳してみよう。**

⑴ 天気は良くないです。

　　·····································································································

⑵ 中国語は簡単です。

　　·····································································································

⑶ 携帯カバーは本当にきれいです。

　　·····································································································

**❷を練習してみよう。** ━━━━━━━━━━━━━━━

▶**中国語に訳してみよう。**

⑴ わたしは図書館に行きたいです。

　　·····································································································

⑵ 私はサッカーをしたくありません。

　　·····································································································

⑶ あなたはケーキを食べたいですか（反復疑問文で）。

　　·····································································································

**❸を練習してみよう。** ━━━━━━━━━━━━━━━

▶**日本語の意味になるように、単語の順番を並べ替えてみよう。**

⑴ 学校 ／ 到 ／ 我家 ／ 一个小时 ／ 要 ／ 从 ／ （我が家から学校まで一時間かかります）

　　·····································································································

⑵ 毎天 ／ 几个小时 ／ 睡 ／ 你 ／ （あなたは毎日何時間寝ますか）

　　·····································································································

⑶ 两个小时 ／ 汉语 ／ 毎天 ／ 他 ／ 学 （彼は毎日2時間中国語を勉強しています。）

　　·····································································································

# 第10课

**場面** 街角で

**機能** 行きたい場所を尋ねる。道順や行き方などを尋ねる。教える。

 **本文**

69

A: Qǐngwèn, fùjìn yǒu yínháng ma?
请问，附近 有 银行 吗?

B: Yǒu, yínháng zài chēzhàn pángbiānr.
有，银行 在 车站 旁边儿。

A: Lí zhèr yuǎn bu yuǎn?
离 这儿 远 不 远?

B: Bú tài yuǎn, dàgài zǒu wǔ fēnzhōng ba.
不 太 远，大概 走 五 分钟 吧。

A: Cóng zhèr zěnme zǒu?
从 这儿 怎么 走?

B: Yìzhí zǒu, ránhòu yòuzhuǎn.
一直 走，然后 右转。

> A：お尋ねしますが、近くに銀行はありますか。
> B：あります。銀行は駅の近くにあります。
>
> A：ここから遠いですか。
> B：あまり遠くありません。歩いて約5分くらいでしょう。
>
> A：ここからどうやって行きますか。
> B：まっすぐ行って、それから右に曲がります。

 **新出語句**

70

| | | | | | |
|---|---|---|---|---|---|
| □ 请问 | qǐngwèn | ちょっとお尋ねします | □ 远 | yuǎn | 遠い |
| □ 附近 | fùjìn | 付近 | □ 不太~ | bú tài ~ | あまり~ない |
| □ 有 | yǒu | ある（存在する） | □ 大概 | dàgài | 大体 |
| □ 银行 | yínháng | 銀行 | □ 从 | cóng | ~から（時間、空間の起点） |
| □ 车站 | chēzhàn | 駅、バス停 | □ 怎么 | zěnme | 怎么＋動詞 どのように |
| □ 旁边儿 | pángbiānr | そば、隣 | □ 一直 | yìzhí | まっすぐ |
| □ 离 | lí | ~から（AからBの間の距離） | □ 然后 | ránhòu | それから |
| □ 这儿 | zhèr | ここ | □ 右转 | yòuzhuǎn | 右折する |

■ **本文** を参考にして、「言葉のトッピング」から語句を選び、会話してみよう。

A: 请问，附近有 ＿＿＿＿＿＿ 吗？

B: 有，在 ＿＿＿＿＿＿ 旁边。

A: 离这儿 ＿＿＿＿＿＿＿＿＿＿＿＿＿＿？

B: 不太远 ＿＿＿＿＿＿＿＿＿＿＿。

A: 从 ＿＿＿＿＿＿＿＿＿＿＿＿＿＿？

B: 一直走，然后 ＿＿＿＿＿＿。

⋯⋯言葉のトッピング⋯⋯ ▶

71

便利店
biànlìdiàn

咖啡厅
kāfēitīng

超市
chāoshì

麦当劳
Màidāngláo

邮局
yóujú

星巴克
Xīngbākè

■ 次の文を読んで、日本語に訳してみよう。

▶
72

银行在车站旁边儿，离车站不太远，大概走五分钟。

＿＿＿＿＿＿＿＿＿＿＿＿＿＿＿＿＿＿＿＿＿＿＿＿＿＿＿＿＿＿＿＿＿＿

＿＿＿＿＿＿＿＿＿＿＿＿＿＿＿＿＿＿＿＿＿＿＿＿＿＿＿＿＿＿＿＿＿＿

辞書に載っていない中国語（2）

【YYDS】

中国語 "永远的神 yǒngyuǎn de shén" の頭文字。「永遠の神」「神ってる」という意味。

我的女朋友，是我的 YYDS。Wǒ de nǚpéngyou, shì wǒ de YYDS.
　ガールフレンドは私の永遠の神だ！

迈克尔・杰克逊，YYDS！Màikè'ěr Jiékèxùn, YYDS!　マイケル・ジャクソンは永遠の神だ！

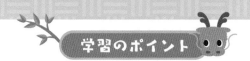

**1** **動詞 "有 yǒu"**

73

主語（場所を表す言葉）＋ "有" ＋目的語（モノ／ヒト）「…に～がある／いる」
否定は "不" ではなく、"没有" を使います。

⑴ 书包里有什么？　　　　　　　　　　Shūbāo li yǒu shénme?
　　──有汉语课本、铅笔、手机和钱包。
　　　　　　　　　　　　──Yǒu Hànyǔ kèběn、qiānbǐ、shǒujī hé qiánbāo.
⑵ 我家附近没有邮局。　　　　　　　　Wǒ jiā fùjìn méiyou yóujú
⑶ 桌子上有没有东西？　　　　　　　　Zhuōzi shang yǒu méiyou dōngxi?

**2** **方位詞**

73

単純方位詞（一音節）と合成方位詞（二音節）があります。

|  | 里 lǐ | 外 wài | 上 shàng | 下 xià | 前 qián | 后 hòu | |
|---|---|---|---|---|---|---|---|
| 边(儿)biàn(r) | 里边(儿) | 外边(儿) | 上边(儿) | 下边(儿) | 前边(儿) | 后边(儿) | |
|  | 左 zuǒ | 右 yòu | 东 dōng | 南 nán | 西 xī | 北 běi | |
| 边(儿)biàn(r) | 左边(儿) | 右边(儿) | 东边(儿) | 南边(儿) | 西边(儿) | 北边(儿) | 旁边(儿) pángbiān(r) |

前边儿是东京站。　　　　　　Qiánbianr shì Dōngjīngzhàn.
咖啡厅在地铁站右边儿。　　　　Kāfēitīng zài dìtiězhàn yòubianr.
教室里有很多学生。　　　　　　Jiàoshìli yǒu hěn duō xuésheng.

**3** **前置詞 "从 cóng"、"离 lí"**

75

**"从"** は、空間や時間の起点を表します。「～から」

⑴ 从我家到学校要一个小时。　　Cóng wǒjiā dào xuéxiào yào yí ge xiǎoshí.
⑵ 从明天开始放假。　　　　　　Cóng míngtiān kāishǐ fàngjià.

**"离"** は，二点の隔たりを表します。「～まで」「～から」

⑶ 学校离车站远吗？　　　　　　Xuéxiào lí chēzhàn yuǎn ma?
　　──不远。　　　　　　　　　──Bù yuǎn.

## すぐ練

**①** を練習してみよう。

▶中国語に訳してみよう。

⑴ （自分の机の上について）質問に答えてみよう。

質問：桌子上有什么？

答え：_____

⑵ 間違えを直してみよう。

1　这儿不有图书馆。

2　教室里有没有学生吗？

**②** を練習してみよう。

▶次の文を日本語に訳してみよう。

⑴ 地铁站在学校后边儿。

..................................................................

⑵ 旁边儿是咖啡厅。

..................................................................

⑶ 车站附近没有银行。

..................................................................

⑷ 外边儿没有人。

..................................................................

**③** を練習してみよう。

▶中国語に訳してみよう。

⑴ 私の家は駅からとても近いです。

..................................................................

⑵ 学校は金曜日から休みに入ります。

..................................................................

⑶ ここから駅まで１０分かかります。

..................................................................

# 第11课

場面 パソコンの前で

機能 状況を尋ねる。状況を説明する。褒める。

 本文

76

Nǐ zài gàn shénme ne?
A: 你 在 干 什么 呢?

Wǒ zài gēn Zhōngguó wǎngyǒu liáotiānr ne.
B: 我 在 跟 中国 网友 聊天儿 呢。

Nǐ huì shuō Hànyǔ ma?
A: 你 会 说 汉语 吗?

Huì shuō yìdiǎnr.
B: 会 说 一点儿。

Wǒ zhǐ xuéguo jǐ ge yuè.
我 只 学过 几 个 月。

Zhēn liǎobuqǐ!
A: 真 了不起!

Tā huì shuō Rìyǔ,
B: 他 会 说 日语,

wǒmen yìbān shuō Rìyǔ.
我们 一般 说 日语。

A:あなたは何をしてますか。
B:中国人のネット友達とおしゃべりしています。

A:あなたは中国語が話せますか。
B:少しだけできます。私は数か月しか習っていません。

A:すごいですね!
B:彼は日本語が話せるので、私たちはたいてい日本語で話します。

 新出語句

77

| | | | | | |
|---|---|---|---|---|---|
| □在 | zài | 在+動詞 ～している | □一点儿 | yìdiǎnr | 少し |
| □干 | gàn | する | □只 | zhǐ | ただ |
| □呢 | ne | 「～しているよ」という語気を表す | □学 | xué | 学ぶ |
| □跟 | gēn | ～と、～に | □过 | guo | 動詞+过 ～したことがある |
| □网友 | wǎngyǒu | ネット友達 | □月 | yuè | 月 |
| □聊天儿 | liáotiānr | おしゃべりする、雑談する | □了不起 | liǎobuqǐ | 大したもんだ、素晴らしい |
| □会 | huì | 会+動詞 ～できる | □日语 | Rìyǔ | 日本語 |
| □说 | shuō | 話す、言う | □一般 | yìbān | 普通 |

42

を参考にして、「言葉のトッピング」から語句を選び、会話してみよう。

A: 你在干什么呢？

B: ........................................................... 。

A: 你会 ................................................. 。

B: ............................................... 。

A: 真了不起！

B: ........................................................... 。

···言葉のトッピング···  ▶
78

做菜
zuò cài

弹吉他
tán jítā

插花
chā huā

练太极拳
liàn tàijíquán

弹钢琴
tán gāngqín

画画儿
huà huàr

次の文を読んで、日本語に訳してみよう。

▶ 79

我跟中国网友聊天儿呢。我学过几个月汉语。中国网友会说日语。

.................................................................................................................

.................................................................................................................

辞書に載っていない中国語（3）

【点赞 diǎn zàn】
"点"「ボタンをクリックする」。"赞" は「いいね！」。"点赞" で「いいねをつける」という意味。
「称賛する」という意味としても使われます。

为他点赞！ Wèi tā diǎn zàn!　　彼に拍手！

请给我点个赞。Qǐng gěi wǒ diǎn gè zàn.
　私に「いいね」をお願いします。

**① 動作の進行と状態の持続を表す表現**

80

> 1．"在 zài" ＋動詞句
> 2．"在 zài" ＋動詞句 ＋ "呢 ne"
> 3．　動詞句 ＋ "呢 ne"

（"呢" は話し言葉に使われ、動作行為が進行中であることの強調を表しています。）

(1)　我在上汉语课。　　　Wǒ zài shàng Hànyǔ kè.

(2)　你在干什么呢？　　　Nǐ zài gàn shénme ne?

(3)　我玩儿游戏呢。　　　Wǒ wánr yóuxì ne.

(4)　妈妈在看电视呢。　　Māma zài kàn diànshì ne.


**② 助動詞 "会 huì"**

81

ある技能を習得した結果、「～できる」ことを表します。

(1)　你会打网球吗？　　　Nǐ huì dǎ wǎngqiú ma?

　　　——会一点儿。　　　—— Huì yìdiǎnr.

(2)　我不会说汉语。　　　Wǒ bú huì shuō Hànyǔ.

(3)　你会不会弹吉他？　　Nǐ huì bu huì tán jítā?


**③ 助詞 "过 guo"**

82

動詞 ＋ "过"「～したことがある」

否定文は動詞の前に "没" を置きます。

(1)　我学过汉语。　　　　Wǒ xuéguo Hànyǔ.

(2)　她没看过这个电视剧。　Tā méi kànguo zhèige diànshìjù.

(3)　你去过上海吗？　　　Nǐ qùguo Shànghǎi ma?

(4)　你去过上海没有？　　Nǐ qùguo Shànghǎi méiyou?

44

 すぐ練

❶ を練習してみよう。

▶中国語に訳してみよう。

⑴ 私はネット友達とチャットしています。（チャットする＝聊天儿）

......

⑵ 彼らはテニスをやっています

......

⑶ お父さんはテレビを見ています。

......

❷ を練習してみよう。

▶日本語の意味になるように、単語の順番を並べ替えてみよう。

⑴ 打／妈妈／会／我／网球 （母はテニスができます）

......

⑵ 会／也／吉他／我／弹／不 （私もギターが弾けません）

......

⑶ 太极拳／你／打／不会／会 （あなたは太極拳ができますか）

......

❸ を練習してみよう。

▶次の文を否定文に変えてみましょう。

⑴ 我看过中国电影。

......

⑵ 他去过北京。

......

⑶ 我们学过法语。

......

# 第12课

**場面** 観光地の店で

**機能** 値段を尋ね，値切る。

## 本文

83

A:
Zhèi jiàn T xù duōshǎo qián?
这 件 T恤 多少 钱？

B:
Yìbǎi kuài.
一百 块。

A:
Tài guì le, néng piányi diǎnr ma?
太 贵 了，能 便宜 点儿 吗？

B:
Nà bāshí kuài ba.
那 八十 块 吧。

A:
Kěyǐ shìshi ma?
可以 试试 吗？

B:
Kěyǐ Qǐng zài zhèli shì ba.
可以。请 在 这里 试 吧。

A：このTシャツはいくらですか。
B：100元です。

A：高すぎます。少し安くできますか。
B：では、80元にしましょう。

A：試着してもいいですか。
B：いいですよ。こちらでどうぞ。

 新出語句

84

| | | |
|---|---|---|
| □这 | zhè | この |
| □件 | jiàn | 服（上着）を数える量詞 |
| □T恤 | T xù | Tシャツ |
| □多少钱 | duōshǎo qián | いくら |
| □块 | kuài | 元（中国通貨の単位） |
| □太贵了 | tài guì le | 高すぎるよ |
| □能 | néng | 能＋動詞　〜できる |

| | | |
|---|---|---|
| □便宜 | piányi | 安い |
| □点儿 | diǎnr | 少し |
| □那 | nà | それでは |
| □可以 | kěyǐ | 可以＋動詞　〜できる、〜してよい |
| □试 | shì | 試す、試着する |
| □这里 | zhèli | ここ |

本文 を参考にして、「言葉のトッピング」から語句を選び、会話してみよう。

A: ‥‥‥‥‥‥‥‥‥‥‥‥‥‥‥‥‥ 多少钱？

B: ‥‥‥‥‥‥ 块。

A: ‥‥‥‥‥‥‥‥‥‥‥‥‥‥‥‥‥‥ 。

B: ‥‥‥‥‥‥ 块吧。

A: ‥‥‥‥‥‥‥‥‥‥‥‥‥‥‥‥ ？

B: 可以 ‥‥‥‥‥‥‥‥‥‥‥‥‥‥ 。

‥‥‥ 言葉のトッピング ‥‥‥ ▶
85

件 毛衣
jiàn máoyī

件 衬衫
jiàn chènshān

条 裤子
tiáo kùzi

件 大衣
jiàn dàyī

条 裙子
tiáo qúnzi

条 领带
tiáo lǐngdài

次の文を読んで、日本語に訳してみよう。

▶
86

这件 T 恤八十块，不太贵，很漂亮，我很喜欢。

‥‥‥‥‥‥‥‥‥‥‥‥‥‥‥‥‥‥‥‥‥‥‥‥‥‥‥‥‥‥‥

‥‥‥‥‥‥‥‥‥‥‥‥‥‥‥‥‥‥‥‥‥‥‥‥‥‥‥‥‥‥‥

辞書に載っていない中国語（4）

【躺平 tǎngpíng】

「寝そべる」という意味から、「寝そべって何もしない状態、努力をしない」ことを言います。このような人は"躺平族"「寝そべり族」と呼ばれています。

我已经躺平了。Wǒ yǐjīng tǎngpíng le.　私はもう何もかもあきらめた。

年轻人不能躺平。Niánqīngrén bù néng tǎngpíng.
　若者は気力をなくしてはいけない！

## 1 量詞

87

「一枚」の「枚」、「一本」の「本」に当たるもの。「数字＋量詞＋名詞」

| 一个人 | 两本书 | 三台电脑 | 四把雨伞 | 五张纸 |
|---|---|---|---|---|
| yí ge rén | liǎng běn shū | sān tái diànnǎo | sì bǎ yǔsǎn | wǔ zhāng zhǐ |
| 六件衣服 | 七杯咖啡 | 八辆汽车 | 九瓶啤酒 | 几条毛巾? |
| liù jiàn yīfu | qī bēi kāfēi | bā liàng qìchē | jiǔ píng píjiǔ | jǐ tiáo máojīn? |

「この〜」は　指示代名詞＋（数詞）量詞＋名詞

这个人 zhèige rén　那件 T 恤 nèi jian T xù

## 2 助動詞 "能 néng"、"可以 kěyǐ"

88

"能 néng" はある条件、能力、状況があって「〜できる」ことを表します。

他能看中文杂志。　　　　　Tā néng kàn Zhōngwén zázhì.
我感冒了，不能去上课。　　Wǒ gǎnmào le, bù néng qù shàngkè.

"可以" は「〜してよい」、「〜できる」。〜して差し支えがないという意味を表します。

⑴ 可以用手机吗？　　　　kěyǐ yòng shǒujī ma?
　　——可以　　　　　　　——Kěyǐ
⑵ 这儿可不可以照相？　　Zhèr kě bu kěyǐ zhàoxiàng?
⑶ 可以试试吗？　　　　　Kěyǐ shìshi ma?

## 3 前置詞 "在 zài"

89

「〜で（…をする）」。"在" ＋場所を表すことば ＋ 動詞句

⑴ 我每天在学校做作业。　Wǒ měitiān zài xuéxiào zuò zuòyè.
⑵ 他爸爸在公司工作。　　Tā bàba zài gōngsī gōngzuò.
⑶ 你在哪儿打工？　　　　Nǐ zài nǎr dǎgōng?

すぐ練

**1** を練習してみよう。

▶（　　）の中に適切な量詞を入れてみよう。

一（　　　）词典　　　两（　　　）人　　　三（　　　）汽车

四（　　　）T恤衫　　五（　　　）电脑　　六（　　　）纸

**2** を練習してみよう。

▶中国語に訳してみよう。

⑴　試してみてもいいでしょうか。

⑵　ここでは携帯電話を使ってもいいですか。

⑶　ここでは写真を撮ることができません。

⑷　私は英語の雑誌を読むことができます。

**3** を練習してみよう。

▶次の質問に中国語で答えを書いてみよう。

⑴　你在哪儿做作业？

⑵　你在哪儿学习汉语？

⑶　你在哪儿打工？

# 索引

| 对 | duì | そうです、あっています | 5 |
| 对不起 | duìbuqǐ | すみません | 3 |
| 多大 | duōdà | いくつ（年齢を聞く） | 8 |
| 多多关照 | duōduō guānzhào | よろしくお願いします | 5 |
| 多少钱 | duōshǎo qián | いくら | 12 |

### E

| 儿子 | érzi | 息子 | 8 |

### F

| 发 | fā | 出す、送る | 9 |
| 法语 | Fǎyǔ | フランス語 | 6 |
| （两）分钟 | (liǎng)fēnzhōng | （2）分間 | 9 |
| 放假 | fàngjià | 休暇に入る、（休みになる） | 10 |
| 附近 | fùjìn | 付近 | 10 |
| 父亲 | fùqīn | 父 | 8 * |

### G

| 干 | gàn | する | 11 |
| 感冒 | gǎnmào | 風邪をひく | 12 |
| 高兴 | gāoxìng | 嬉しい | 5 |
| 高中生 | gāozhōngshēng | 高校生 | 5 * |
| 个 | ge | ～人（人などを数える量詞） | 8 |
| 哥哥 | gēge | 兄 | 8 * |
| 跟 | gēn | ～と、～に | 11 |
| 公司 | gōngsī | 会社 | 12 |
| 工作 | gōngzuò | 仕事をする | 12 |
| 过 | guo | 動＋过　～したことがある | 11 |

### H

| 还是 | háishi | それとも | 6 |
| 韩国人 | Hánguórén | 韓国人 | 6 |
| 汉语 | Hànyǔ | 中国語 | 5 |
| 好 | hǎo | よい、素晴らしい | 5 |
| 好的 | hǎode | わかりました | 4 |
| 好久不见 | hǎojiǔ bújiàn | お久しぶりです | 3 |
| 好吗 | hǎo ma | どうですか | 7 |
| 喝 | hē | 飲む | 6 |
| 黑色 | hēisè | 黒色 | 8 |
| 很 | hěn | とても、たいへん | 5 |
| 横滨 | Héngbīn | 横浜 | 8 |
| 红茶 | hóngchá | 紅茶 | 6 * |
| 画画儿 | huà huàr | 絵を描く | 11 * |
| 会 | huì | 会＋動詞　～できる | 11 |

| 没关系 | méiguānxi | かまいません | 3 |
| 没问题 | méiwèntí | 大丈夫だ | 7 |
| 没有 | méiyou | ない | 10 |
| 美国人 | Měiguórén | アメリカ人 | 5 * |
| 每天 | měitiān | 毎日 | 7 |
| 妹妹 | mèimei | 妹 | 8 * |
| 母亲 | mǔqīn | 母 | 8 * |

### N

| 哪儿 | nǎr | どこ | 6 |
| 那 | nà | それでは | 12 |
| 奶奶 | nǎinai | 祖母（父方） | 8 * |
| 难 | nán | 難しい | 9 |
| 呢 | ne | ～は？ | 5 |
| 呢 | ne | 「～しているよ」という語気を表す | 11 |
| 能 | néng | 能＋動　～できる | 12 |
| 你好 | nǐhǎo | こんにちは | 1 |
| 你早 | nǐzǎo | おはようございます | 2 |
| 牛奶 | niúnǎi | 牛乳 | 6 * |

### P

| 怕 | pà | 心配する、恐れる | 6 |
| 旁边儿 | pángbiānr | そば、隣 | 10 |
| 胖 | pàng | 太る | 6 |
| 朋友 | péngyou | 友だち | 5 |
| 啤酒 | píjiǔ | ビール | 12 |
| 便宜 | piányi | 安い | 12 |
| 漂亮 | piàoliang | 奇麗だ、格好いい | 9 |
| 皮鞋 | píxié | 革靴 | 9 * |

### Q

| 汽车 | qìchē | 車 | 12 |
| 铅笔 | qiānbǐ | 鉛筆 | 10 |
| 钱包 | qiánbāo | 財布 | 10 |
| 请 | qǐng | 请＋動詞　どうぞ～してください | 5 |
| 请问 | qǐngwèn | ちょっとお尋ねします | 10 |
| 请坐 | qǐng zuò | どうぞおかけください | 4 |
| 裙子 | qúnzi | スカート | 12 * |
| 曲奇 | qǔqí | クッキー | 6 * |
| 去 | qù | 行く | 6 |

### R

| 然后 | ránhòu | それから | 10 |
| 热 | rè | 熱い、暑い | 6 |
| 热咖啡 | rèkāfēi | ホットコーヒー | 6 |

| 想 | xiǎng | 想+動詞 〜したい | 9 |
| （〜个）小时 | xiǎoshí | （〜）時間 | 9 |
| 鞋店 | xiédiàn | 靴屋 | 9 * |
| 谢谢 | xièxie | ありがとうございます | 2 |
| 信用卡 | xìnyòngkǎ | クレジットカード | 8 |
| 星巴克 | Xīngbākè | スターバックス | 10 * |
| 星期六 | xīngqīliù | 土曜日 | 7 |
| 兄弟 | xiōngdì | 兄弟 | 8 |
| 学 | xué | 学ぶ | 11 |
| 学生 | xuésheng | 学生 | 5 * |
| 学习 | xuéxí | 勉強する | 12 |
| 学校 | xuéxiào | 学校 | 10 |

**Y**

| 要 | yào | かかる、必要とする | 9 |
| 爷爷 | yéye | 祖父（父方） | 8 * |
| 也 | yě | 〜も | 9 |
| 衣服 | yīfu | 服 | 7 * |
| 一般 | yìbān | 普通 | 11 |
| 一下 | yíxià | 動詞+一下 ちょっと〜（する） | 9 |
| 一点儿 | yìdiǎnr | 少し | 11 |
| 一起 | yìqǐ | 一緒に | 7 |
| 一直 | yìzhí | まっすぐ | 10 |
| 银行 | yínháng | 銀行 | 10 |
| 邮件 | yóujiàn | メール | 9 |
| 邮局 | yóujú | 郵便局 | 10 * |
| 有 | yǒu | 持っている、〜に〜がある | 8 |
| 有 | yǒu | ある（存在する） | 10 |
| 右转 | yòuzhuǎn | 右折する | 10 |
| 雨伞 | yǔsǎn | 傘 | 12 |
| 远 | yuǎn | 遠い | 10 |
| 月 | yuè | 月 | 11 |

**Z**

| 杂志 | zázhì | 雑誌 | 12 |
| 在 | zài | 〜は〜にある、ある（存在する） | 8 |
| 在 | zài | 在+動詞 〜している | 11 |
| 再见 | zàijiàn | さようなら | 1 |
| 早 | zǎo | 「おはようございます」の略 | 2 |
| 怎么 | zěnme | 怎么+動詞どのように | 10 |
| 怎么样 | zěnmeyàng | 如何でしょうか | 7 |
| 着急 | zháojí | 慌てる | 9 |
| 照相 | zhàoxiàng | 写真を撮る | 12 |
| 这 | zhè | この | 12 |
| 这里 | zhèli | ここ | 12 |
| 真 | zhēn | 本当に | 5 |

索引

同 学 社

Ⓒ楽々学習　新・初級中国語 12 課

2024 年 2 月 1 日　初版発行　　定価 本体 2,400 円（税別）

著　者　　陳　　淑　梅
　　　　　　胡　　興　智

発行者　　近 藤 孝 夫
印刷所　　株式会社　坂田一真堂
発行所　　株式会社 同 学 社
　　　　　〒112-0005　東京都文京区水道 1-10-7
　　　　　電話 03-3816-7011　振替　00150-7-166920

製本：井上製本所　組版　倉敷印刷
ISBN978-4-8102-0793-4
Printed in Japan

中 国 語 音 節 表

| 子音 ＼ 母音 | a | o | e | -i [ʅ] | -i [ɿ] | er | ai | i | 3 uei | uan | uen | uang | ueng | 4 ü | üe | üan | ün |
|---|---|---|---|---|---|---|---|---|---|---|---|---|---|---|---|---|---|
| 子音なし | a | | e | | | er | ai | i | wei | wan | wen | wang | weng | yu | yue | yuan | yun |
| b | ba | bo | | | | | bai | | | | | | | | | | |
| p | pa | po | | | | | pai | | | | | | | | | | |
| m | ma | mo | me | | | | mai | | | | | | | | | | |
| f | fa | fo | | | | | | | | | | | | | | | |
| d | da | | de | | | | dai | | dui | duan | dun | | | | | | |
| t | ta | | te | | | | tai | | tui | tuan | tun | | | | | | |
| n | na | | ne | | | | nai | | | nuan | | | | nü | nüe | | |
| l | la | | le | | | | lai | | | luan | lun | | | lü | lüe | | |
| g | ga | | ge | | | | gai | ui | gui | guan | gun | guang | | | | | |
| k | ka | | ke | | | | kai | ui | kui | kuan | kun | kuang | | | | | |
| h | ha | | he | | | | hai | ui | hui | huan | hun | huang | | | | | |
| j | | | | | | | | | | | | | | ju | jue | juan | jun |
| q | | | | | | | | | | | | | | qu | que | quan | qun |
| x | | | | | | | | | | | | | | xu | xue | xuan | xun |
| zh | zha | | zhe | zhi | | | zhai | ai | zhui | zhuan | zhun | zhuang | | | | | |
| ch | cha | | che | chi | | | chai | ai | chui | chuan | chun | chuang | | | | | |
| sh | sha | | she | shi | | | shai | ai | shui | shuan | shun | shuang | | | | | |
| r | | | re | ri | | | | | rui | ruan | run | | | | | | |
| z | za | | ze | | zi | | zai | | zui | zuan | zun | | | | | | |
| c | ca | | ce | | ci | | cai | | cui | cuan | cun | | | | | | |
| s | sa | | se | | si | | sai | | sui | suan | sun | | | | | | |
| 子音なし | a | | e | | | er | ai | i | wei | wan | wen | wang | weng | yu | yue | yuan | yun |

同学社